Renate Schupp

Die schönsten Bibelgeschichten zur Erstkommunion

Illustrationen von Milada Krautmann

Kaufmann Verlag

Altes Testament

Neues Testament

Von der Erschaffung der Welt

Die Menschen der Bibel sahen die Erde an und alles, was darauf lebt. Und sie fragten: „Woher kommt das alles? Wie ist das entstanden? Ein Mensch kann das nicht gemacht haben. Es muss jemand gewesen sein, der mächtiger ist als ein Mensch: Gott."
Und sie erzählten diese Geschichte:

Am Anfang gab es nichts als Wasser. Alles war dunkel und leer. Aber Gott war da.

Gott sagte: „Es soll hell werden." Da wurde es hell.

Und Gott teilte das Wasser und machte festes Land dazwischen und ließ darauf die Pflanzen wachsen, Gras und Kraut, Blumen und Bäume.

Er setzte die Sonne an den Himmel für den Tag und Mond und Sterne für die Nacht.

Dann machte er die Tiere – die im Wasser und die auf der Erde und die in der Luft.

Zuletzt erschuf er einen Mann und eine Frau – Adam und Eva. Er segnete sie und sagte: „Ich übergebe euch die Erde mit allen Pflanzen und Tieren. Passt gut auf sie auf."

In sechs Tagen erschuf Gott die Welt. Am siebten Tag ruhte er sich aus. Er sah an, was er gemacht hatte. Alles war gut. Und er segnete den siebten Tag.

Im Paradiesgarten

*Die Menschen der Bibel fragten: „Wie kommt es, dass wir heute so
hart arbeiten müssen und so viel Not leiden? Am Anfang haben die
Menschen doch bei Gott gelebt und es gut gehabt. Warum ist das
nicht mehr so?"*
Und sie erzählten dazu diese Geschichte:

Gott pflanzte einen wunderbaren Garten auf der Erde, das
Paradies. Dorthin führte er Adam und Eva. Er sagte: „In diesem
Garten sollt ihr leben. Ihr dürft von allen Pflanzen und Früch-
ten essen. Nur von dem großen Baum in der Mitte des Gartens
dürft ihr nichts essen!"

Die Schlange aber kam gekrochen und sagte: „Wenn ihr von
diesem Baum esst, werdet ihr so klug wie Gott. Ihr werdet
wissen, was gut und böse ist. Deshalb will Gott nicht, dass ihr
davon esst."

Adam und Eva schauten den Baum an. Seine Früchte sahen
schön und saftig aus. Eva pflückte heimlich eine Frucht und
beide probierten sie davon. Da merkten sie auf einmal, dass
sie nackt waren, und schämten sich. Sie flochten Feigenblätter
zusammen und machten sich daraus Schürzen.

Am Abend ging Gott durch den Garten. Da bekamen sie Angst
und versteckten sich. Gott rief nach ihnen und sprach: „Warum
habt ihr das getan? Nun will ich euch nicht mehr bei mir haben.
Von jetzt an müsst ihr draußen leben."

Und Gott schickte Adam und Eva hinaus aus dem Garten. Er stellte einen Engel mit einem feurigen Schwert vor das Tor. Seitdem müssen die Menschen hart arbeiten, um sich ihr Brot zu verdienen.

Kain und Abel

Die Menschen der Bibel fragten: „Wie kommt es, dass es unter uns so viel Neid und Hass und Gewalt gibt? Gott hat doch alles gut gemacht! Wie ist das Böse in die Welt gekommen?"
Und sie erzählten dazu diese Geschichte:

Eva und Adam hatten zwei Söhne – Kain und Abel. Kain wurde ein Bauer, Abel ein Hirte.
Einmal brachten beide Gott ein Brandopfer dar. Kain brachte Ähren und Früchte von seinem Feld, Abel opferte ein Schaf aus seiner Herde.
Sie sahen zu, wie ihre Opfergaben brannten, und Kain dachte: „Gott gefällt das Opfer von Abel besser als meins. Er hat ihn lieber als mich."

Kain war eifersüchtig. Und eines Tages, als beide allein auf dem Feld waren, schlug er Abel tot.

„Niemand hat es gesehen", dachte er.

Aber Gott hatte es gesehen. Er fragte ihn: „Kain, wo ist dein Bruder?"

„Ich weiß nicht", antwortete Kain. „Ich bin doch nicht sein Aufpasser."

Gott sagte: „Du hast ihn erschlagen! Warum hast du das getan? Nun wirst du keine ruhige Stunde mehr haben. Geh weg von hier, ich will dich nicht mehr sehen."

„Wo soll ich denn hingehen?", jammerte Kain. „In der Fremde werden sie mich töten."

Da hatte Gott Mitleid mit ihm und machte ihm ein Zeichen auf die Stirn, das ihn schützte.

Die Arche Noah

Einmal gab es eine große Überschwemmung auf der Erde, die schreckliches Unheil anrichtete. „Warum geschah das?", fragten sich die Menschen der Bibel. „Kann das wieder geschehen?"
Und sie erzählten dazu diese Geschichte:

Die Menschen waren so boshaft und gemein, dass Gott sagte: „Es tut mir leid, dass ich sie geschaffen habe. Ich will eine große Flut kommen lassen und alle von der Erde hinwegspülen."
Nur Noah und seine Familie lebten so, wie es Gott gefiel. Darum sagte Gott zu Noah: „Euch will ich retten. Baue ein großes Schiff aus Holz, eine Arche. Bringe auch von allen Tieren je ein Paar hinein und sammle Samen von allen Pflanzen."
Als die Arche fertig war, fing es an zu regnen. Bald bedeckte das Wasser die ganze Erde bis zum höchsten Berg. Alles ging unter und ertrank. Die Arche aber schwamm.
Es regnete vierzig Tage und vierzig Nächte. Dann hörte der Regen auf und das Wasser floss langsam ab. Da sagte Gott zu Noah: „Komm heraus. Ich will einen Bund mit dir schließen und mit allen Menschen. Ich verspreche, dass ich nie mehr eine solche Flut schicken werde. Solange die Erde besteht, sollen nicht aufhören: Saat und Ernte, Frost und Hitze, Sommer und Winter, Tag und Nacht. Der Regenbogen ist das Zeichen, dass ich mein Versprechen halte. Denkt immer daran, wenn ihr ihn seht!"

Ein Turm bis zum Himmel

„Wie kommt es", dachten die Menschen der Bibel, „dass wir nicht alle dieselbe Sprache haben? In jedem Land sprechen die Menschen anders. Wir verstehen einander nicht. War das denn schon immer so?"
Und sie erzählten dazu diese Geschichte:

Am Anfang hatten die Menschen nur eine einzige Sprache. Sie hatten dieselben Geschichten und Lieder und beteten mit denselben Worten zu Gott.
Eines Tages aber wurden die Menschen übermütig und sagten: „Wir wollen einen Turm bauen bis zum Himmel. Dann können wir zu Gott hinaufsteigen. Und alle werden sehen, wie mächtig wir sind."
Und sie bauten einen Turm, der höher war als alle Türme, die es bisher gab.
Für Gott war es trotzdem nur ein kleiner Turm. Er musste vom Himmel herabsteigen, um ihn richtig zu sehen.
„Wo soll das enden, wenn die Menschen meinen, sie könnten alles machen?", dachte er.
Und er verwirrte ihre Sprache, sodass sie einander nicht mehr verstanden und aufhören mussten zu bauen. Sie gingen auseinander und zerstreuten sich über die ganze Erde.

Abraham und Sara

Die Menschen der Bibel erzählten sich Geschichten von Männern und Frauen, die in ihrem Leben Erfahrungen mit Gott gemacht hatten – wie zum Beispiel Abraham und Sara.

Abraham lebte im Bergland von Kanaan mit seiner Frau Sara. Er besaß Schafe und Ziegen und Knechte und Mägde. Aber er und Sara hatten keine Kinder.

„Warum gibt Gott uns keine Kinder?", klagte Sara. „Ich glaube, er hat uns vergessen."

Sara und Abraham waren nämlich schon alt. Aber Abraham vertraute auf Gott.

Eines Nachts hörte er die Stimme Gottes: „Ich habe dich nicht vergessen, Abraham. Geh hinaus vor dein Zelt und schau hinauf zu den Sternen. Kannst du sie zählen?"

Abraham trat vor das Zelt und schaute zum Himmel. Unendlich viele Sterne standen dort.

Gott sagte: „So viele Nachkommen wirst du haben."

„Was Gott verspricht, das hält er", dachte Abraham. Bald darauf kamen drei Männer zu Besuch. Sie sagten: „In einem Jahr wird Sara einen Sohn haben." Sara lachte ungläubig, als sie das hörte.

„Warum lacht Sara?", fragten die Männer. „Für Gott ist nichts unmöglich."

Und wirklich – nach einem Jahr bekam Sara einen kleinen Sohn. Sie nannte ihn Isaak.

Und Abraham gab ein großes Fest für ihn.

Jakob stiehlt den Segen

Für die Menschen der Bibel war der Segen etwas sehr Wichtiges. Wer gesegnet war, der stand unter dem besonderen Schutz Gottes. Von den Söhnen einer Familie konnte jedoch nur einer – der Älteste – den Segen des Vaters bekommen. Davon erzählt diese Geschichte:

Isaak, der Sohn Abrahams, heiratete Rebekka. Sie bekamen Zwillinge, Esau und Jakob. Esau, der Ältere, hatte rote Haare. Sein Körper war über und über mit Haaren bedeckt wie mit einem Fell. Als er groß war, wurde er ein Jäger. Jakob aber wurde ein Hirte und hütete die Herden seines Vaters.

Als Isaak alt war, wurde er blind. Er spürte, dass er bald sterben würde. Deshalb wollte er Esau, dem Erstgeborenen, seinen Segen geben, wie es Brauch war.

Als Jakob das hörte, zog er das Festtagsgewand seines Bruders an. Seine Mutter band ihm Fellstreifen um Hals und Hände. So schlich er sich hinein zu seinem Vater.

Isaak betastete ihn.

„Deine Stimme klingt wie Jakobs Stimme", sagte er. „Aber du riechst und fühlst dich an wie Esau. Bist du Esau?"

„Ja", antwortete Jakob.

Da legte Isaak ihm die Hand auf den Kopf und gab ihm seinen Segen. Er sagte: „Gott segne dich! Du sollst reich und glücklich werden. Wer dir Böses antut, dem soll Böses geschehen. Wer gut zu dir ist, dem soll Gutes geschehen."

Jakob träumt
von der Himmelsleiter

Als Esau erfuhr, dass sein Bruder Jakob ihm den Segen des Vaters gestohlen hatte, drohte er, ihn zu töten. Da bekam Jakob Angst und floh aus seiner Heimat. Er wollte nach Haran zu seinem Onkel.

In der Nacht schlief er unter freiem Himmel. Er legte seinen Kopf auf einen Stein und deckte sich mit seinem Mantel zu.

Wie er da so lag, hatte er einen Traum: Er sah eine Leiter, die reichte vom Boden bis hinauf zum Himmel. Engel stiegen daran auf und nieder. Ganz oben aber stand Gott. Er sprach zu Jakob: „Ich bin der gleiche Gott, der mit deinem Großvater Abraham gesprochen hat. Ich segne dich und begleite dich überall, wo du hingehst. Du wirst heiraten und viele Kinder haben. Und alle deine Nachkommen sollen durch dich gesegnet sein."

Als Jakob erwachte, dachte er: „Dies ist ein heiliger Ort. Wenn ich wohlbehalten in meine Heimat zurückkehre, werde ich an dieser Stelle ein Gotteshaus bauen."

Er richtete den Stein auf und goss Öl darüber, zum Zeichen, dass er heilig war.

Dann packte er seine Sachen und wanderte weiter durch das Gebirge nach Norden.

Jakob kehrt heim

Jakob lebte viele Jahre bei seinem Onkel in Haran und wurde ein reicher und angesehener Mann. Er heiratete und hatte viele Kinder. Und seine Herden wurden größer von Jahr zu Jahr. „Ich bin gesegnet", dachte er. „Gott hat sein Versprechen gehalten. Er ist freundlich zu mir."

Aber tief in seinem Herzen hatte er Sehnsucht nach seiner Heimat. Und eines Tages packte er seine Sachen, nahm seine Familie und seine Herden und machte sich auf den Weg zurück.

Jakob hatte aber große Angst, dass sein Bruder Esau ihn noch immer hasste, weil er ihm den Segen des Vaters gestohlen hatte. Deshalb schickte er einen Boten zu ihm und ließ ihm sagen: „Jakob kehrt zurück. Es tut ihm leid, dass er dir den Segen weggenommen hat. Er möchte dich um Vergebung bitten."

Als Esau hörte, dass Jakob zurückkam, machte er sich auf und ging ihm entgegen. Sein Zorn war längst verflogen, denn er war selber ein wohlhabender Mann geworden.

Als er Jakob kommen sah, lief er zu ihm hin. Jakob verneigte sich sieben Mal vor ihm bis auf die Erde. Esau aber hob ihn auf und umarmte und küsste ihn. Und sie versöhnten sich miteinander.

Josef und seine Brüder

Die Menschen der Bibel sagten: „Wenn Gott das Leben der Menschen von Anfang bis zum Ende bestimmt – warum lässt er dann zu, dass vielen so viel Schlimmes passiert?" Die Josefsgeschichte gab darauf diese Antwort: Die Menschen wissen nicht, was Gott mit ihnen vorhat. Aber sie können sicher sein, dass auch das Schlimme einen verborgenen Sinn hat und zum Guten führt. Wie bei Josef.

Jakob hatte zwölf Söhne. Die beiden Jüngsten hießen Josef und Benjamin. Jakob hatte sie alle lieb, aber am liebsten hatte er Josef. Einmal ließ er ihm ein besonders schönes buntes Gewand machen. Da wurden die anderen Brüder neidisch.

Eines Tages sagte Jakob zu Josef: „Geh hinaus zu deinen Brüdern auf die Weide. Schau, was sie dort treiben, und komm und erzähl es mir."

Die Brüder sahen Josef schon von Weitem. Sie sagten: „Schaut, dort kommt der Aufpasser. Dem machen wir jetzt einmal richtig Angst."

Sie packten ihn, zogen ihm sein schönes Gewand aus und warfen ihn in einen ausgetrockneten Brunnenschacht. Josef tobte und schrie: „Holt mich heraus! Holt mich heraus!" Aber die Brüder ließen ihn schreien und kümmerten sich nicht um ihn.

Kurz darauf kamen fremde Männer vorbei, Kaufleute, die nach Ägypten zogen. Da sagten die Brüder zueinander: „Wir wollen

Josef an diese Kaufleute verkaufen. Dann sind wir ihn für immer los. Dem Vater sagen wir, ein wildes Tier hat ihn getötet."
Sie zogen Josef wieder aus dem Brunnen heraus und verkauften ihn für 20 Silberstücke an die Kaufleute. Die nahmen ihn mit. So kam Josef nach Ägypten.

Josef in Ägypten

Am Anfang hatte Josef es in Ägypten schwer. Aber Gott war mit ihm und bewahrte ihn in aller Not. Josef vertraute auf ihn, sodass er Glück hatte in allem, was er tat, und ein angesehener Mann wurde. Er brachte es bis zum obersten Verwalter über die Vorratshäuser des ganzen Landes.

Sieben Jahre lang gab es reiche Ernten. Da ließ Josef viele Vorräte sammeln. Als dann sieben dürre Jahre folgten, öffnete er die Vorratshäuser und verkaufte, was er darin gesammelt hatte. Da strömten von überall her die Menschen nach Ägypten, denn die Not war groß.

Eines Tages kamen auch die Brüder Josefs aus dem fernen Kanaan – alle außer Benjamin, um Getreide zu kaufen. Sie erkannten Josef nicht, denn er sprach ägyptisch und war gekleidet wie ein Ägypter. Josef erkannte sie sofort, aber er gab sich nicht zu erkennen. Durch einen Dolmetscher ließ er sie streng verhören. Er wollte alles wissen: vom Vater Jakob, von der Mutter und von dem Bruder, der zu Hause geblieben war – Benjamin. Am Ende aber sagte er: „Ich glaube euch nichts. Ihr seid Spione."

Und er ließ sie ins Gefängnis werfen. Doch nach drei Tagen holte er sie wieder heraus. Er ließ ihre Säcke mit Korn füllen und sagte: „Bringt das nach Hause, damit eure Frauen und Kinder nicht hungern müssen. Aber wenn ihr wiederkommt, müsst ihr euren Bruder Benjamin mitbringen. Erst dann glaube ich euch, dass ihr die Wahrheit gesagt habt."

Josef versöhnt sich mit seinen Brüdern

Die Hungersnot dauerte an und bald mussten die Brüder zum zweiten Mal nach Ägypten. Dieses Mal war auch Benjamin dabei. Sie hatten alle große Angst vor dem strengen ägyptischen Verwalter. Doch ein Diener empfing sie freundlich und führte sie in Josefs Haus. Als Josef seinen Bruder Benjamin erblickte, kamen ihm die Tränen. Und er ging hinaus, damit niemand merkte, dass er weinte.

Nach einer Weile kehrte er zurück und lud die Brüder zum Essen ein. Da aßen und tranken sie und vergaßen ihre Angst.

Josef aber dachte: „Jetzt will ich ihnen sagen, wer ich bin."

Und er sagte zu ihnen in ihrer Sprache: „Schaut mich an! Erkennt ihr mich nicht? Ich bin euer Bruder Josef, den ihr nach Ägypten verkauft habt."

Da erschraken die Brüder bis ins Herz. „Jetzt wird er uns bestrafen für unsere böse Tat", dachten sie.

Aber Josef sagte: „Habt keine Angst. Ich strafe euch nicht. Ihr seid böse zu mir gewesen, das ist wahr. Aber Gott hat alles gut werden lassen. Er wollte, dass ich nach Ägypten komme, damit ich euch jetzt Korn geben kann und euch vor dem Verhungern errette." Und er umarmte und küsste Benjamin und die anderen Brüder. Und alle weinten vor Freude.

Dann sagte Josef: „Geht zurück nach Hause und holt den Vater und die Mutter und eure Familien und zieht alle hierher. Hier findet ihr genug zu essen." So geschah es, dass Jakob und alle seine Söhne mit ihren Frauen und Kindern nach Ägypten kamen.

Mose wird gerettet

„Wie sind wir zu einem großen Volk geworden, dem Volk Israel?",
fragten die Menschen der Bibel. Zuerst war da doch nur Abraham
mit seiner Familie, dann Isaak, dann Jakob. Dann kam Josef, den
seine Brüder nach Ägypten verkauften.

Die Nachkommen von Josef vermehrten sich in Ägypten und
wurden so zahlreich, dass die Ägypter vor ihnen Angst beka-
men und sie hart unterdrückten. Der Pharao, der König der
Ägypter, befahl, dass alle neugeborenen Jungen des Volkes
Israel getötet werden sollten.
Zu dieser Zeit kam Mose zur Welt. Die Mutter versteckte das
Kind, weil sie sah, dass es ein schönes Kind war. Als sie es nicht
länger verbergen konnte, legte sie es in einen abgedichteten
Schilfkorb. Sie trug das Körbchen zum Nil und setzte es ins
Wasser. Zu ihrer ältesten Tochter Mirjam sagte sie: „Versteck
dich im Schilf und pass auf, was geschieht."
Da kam die Tochter des Pharao mit ihren Diene-
rinnen, um im Nil zu baden. Im Schilf fand sie
das Körbchen und darin das weinende Kind.

Da bekam sie Mitleid und sagte: „Es ist ein Kind der Israeliten. Ich will es zu mir in den Palast nehmen und aufziehen wie mein eigenes Kind."

Da trat Mirjam aus ihrem Versteck und sagte zu der Prinzessin: „Ich kenne eine Frau, die das Kind stillen kann." Und sie holte ihre Mutter. Die Prinzessin reichte ihr den Jungen und sagte: „Gib ihm zu trinken! Und wenn er groß genug ist, bring ihn mir wieder!"

So konnte Mose noch eine Weile bei seiner Mutter sein. Später brachte ihn die Mutter in den Palast. Dort wuchs er auf wie ein Prinz.

Mose erhält die Zehn Gebote

Als Mose erwachsen war, bekam er von Gott den Auftrag, das Volk Israel aus Ägypten zu führen. Viele Wochen wanderten die Israeliten mit Mose durch die Wüste. Endlich kamen sie zum Berg Sinai, dem Gottesberg. Dort schlugen sie ihre Zelte auf. Und Mose stieg auf den Berg und Gott redete mit ihm.

Er sprach: „Geh und erzähle dem Volk diese Worte: Ich, euer Gott, habe euch ausgewählt unter allen Völkern. Ich will einen Freundschaftsbund mit euch schließen. Aber ihr müsst versprechen, meine Gebote zu halten. In drei Tagen komme ich in einer Wolke auf den Berg und rede wieder mit dir."

Mose stieg hinab und erzählte alles dem Volk. Das Volk antwortete: „Was Gott gesagt hat, wollen wir tun."

Am dritten Tag verhüllte eine dichte Wolke den Gipfel des Berges. In der Wolke war Gott. Mose stieg hinauf und Gott gab ihm zwei steinerne Tafeln und sprach: „Dies sind die Gebote, die du dem Volk geben sollst:

Ich bin der Herr, dein Gott.
Du sollst keine anderen Götter haben.
Du sollst dir kein Bild von mir machen.
Du sollst meinen Namen nicht missbrauchen.
Du sollst den Feiertag heilig halten.
Du sollst Vater und Mutter ehren.
Du sollst nicht töten.
Du sollst die Ehe heilig halten.
Du sollst nicht stehlen.
Du sollst nicht lügen.
Du sollst nicht neidisch sein auf andere."

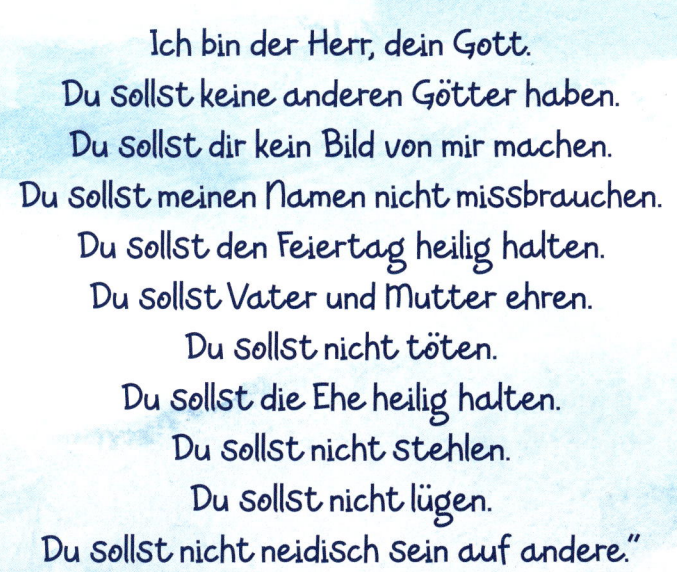

David und Goliath

*David war der erste große König der Israeliten. Er lebte vor unge-
fähr 3.000 Jahren. Mit der Geschichte vom Kampf gegen Goliath
wollten die Erzähler der Bibel zeigen, dass David schon als Junge
auf Gott vertraute.*

Die Israeliten führten Krieg gegen die Philister. Die Philister hatten ihr Lager auf der einen Seite eines Tales aufgeschlagen, die
Israeliten auf der anderen.

Jeden Morgen trat aus dem Lager der Philister ein riesengroßer Krieger, über zwei Meter groß, in Helm und Rüstung, mit einem Speer so dick wie ein Baumstamm. Er hieß Goliath.

„Wer wagt es, mit mir zu kämpfen?", schrie er zu den Israeliten hinüber. Aber alle hatten Angst vor ihm.

Eines Morgens kam David, ein Hirtenjunge, ins Lager der Israeliten. Es war gerade in dem Augenblick, in dem Goliath sich zeigte und schrie: „Wer wagt es, mit mir zu kämpfen?"

Niemand rührte sich. Da rief David: „Ich!"

Die anderen Krieger wollten ihn zurückhalten, aber David sagte: „Lasst mich. Gott hat mir gegen die Löwen und Bären geholfen, die meine Schafe rauben wollten. Er wird mir auch gegen Goliath helfen."

Nur mit seiner Schleuder und seinem Hirtenstab in der Hand trat er dem Riesen entgegen. Der lachte ihn aus.

David aber rief: „Du kommst mit Speer und Rüstung. Ich aber komme mit Gott." Er nahm einen Stein aus der Tasche, legte ihn in seine Schleuder und schleuderte ihn auf Goliath. Er traf ihn mitten auf die Stirn. Da wankte Goliath und stürzte tot zu Boden.

Jona

Die Menschen der Bibel fragten sich immer wieder: „Wie ist Gott?"
Der Verfasser der Geschichte von Jona wollte darauf diese Ant-
wort geben: „Gott ist gütig. Er verzeiht den Menschen, wenn sie
bereuen."

Einmal sagte Gott zu Jona: „Geh nach Ninive. Die Menschen
dort sind böse und gemein. Sag ihnen, dass ich ihre Stadt zer-
stören will."
Jona aber wollte nicht nach Ninive. Er ging heimlich auf ein
Schiff, das in die andere Richtung fuhr, und versteckte sich tief
unten im Bauch des Schiffes. Doch draußen auf dem Meer ent-
stand ein schrecklicher Sturm. Als die Seeleute Jona entdeck-
ten, warfen sie ihn über Bord.
Da schickte Gott ihm einen großen Fisch. Der verschluckte ihn
und spuckte ihn an Land wieder aus.
„Geh jetzt nach Ninive", sagte Gott.
Da ging Jona.
In Ninive verkündete er den Menschen, was Gott ihm aufge-
tragen hatte. Die Menschen waren alle sehr erschrocken. Sie
bereuten alles Unrecht, das sie getan hatten, beteten zu Gott
und versprachen, sich zu bessern. Sogar der König stieg von
seinem Thron und flehte Gott an, die Stadt zu verschonen.
Da hatte Gott Mitleid und zerstörte Ninive nicht.

Darüber ärgerte sich Jona. „Siehst du", sagte er zu Gott, „ich wusste es: Du bist gütig und barmherzig und strafst die Menschen nicht. Das habe ich mir gleich gedacht. Deshalb wollte ich auch nicht nach Ninive gehen!"

Gott antwortete: „Die Menschen haben versprochen, sich zu bessern. Soll ich ihnen da nicht verzeihen?"

Daniel in der Löwengrube

Die Israeliten wurden oft von fremden Völkern beherrscht, die an andere Götter glaubten. Mit Geschichten machten sie sich Mut, ihrem Glauben treu zu bleiben. Sie sagten: „Wenn wir Gott gehorsam sind, zu ihm beten und die Gebote halten, dann wird er uns nicht im Stich lassen."
Eine solche „Mut-mach-Geschichte" ist die Geschichte von Daniel.

Eines Tages verkündete der mächtige König Darius den Bewohnern seines Reiches: „Ab jetzt bin ich euer Gott. Wer zu einem anderen Gott betet, der soll den Löwen zum Fraß vorgeworfen werden."
Damals lebte ein junger Israelit namens Daniel am Hof des Königs. Der ließ sich nicht davon abbringen, dreimal am Tag zu Gott zu beten.
Seine Feinde aber liefen zum König und sagten: „Daniel befolgt deinen Befehl nicht. Du musst ihn den Löwen vorwerfen!"
Der König hätte Daniel gern verschont, denn er schätzte ihn wegen seiner Klugheit und Ehrlichkeit. Die Feinde aber sagten: „Was du befohlen hast, König Darius, das musst du nun auch durchführen." Da ließ der König Daniel holen. „Möge dich dein Gott retten, zu dem du so treu betest", sagte er traurig.
Seine Soldaten warfen Daniel durch eine Öffnung hinab zu den Löwen und wälzten einen Stein davor. Am anderen Morgen ging der König gleich zu der Löwengrube und rief hinab: „Hat dein Gott dich gerettet, Daniel?"

Daniel antwortete: „Ja, König Darius. Er hat seinen Engel geschickt. Der hat den Löwen das Maul zugehalten."
Da ließ der König Daniel aus der Grube ziehen. Er war heil und
lebendig, weil er Gott vertraut hatte.

Jesus kommt zur Welt

Jesus lebte im ersten Jahrhundert unserer Zeitrechnung im heutigen Land Israel. Er predigte Frieden, Gerechtigkeit und Nächstenliebe. Viele Menschen wurden seine Anhänger. Mehr als dreißig Jahre nach seinem Tod hat der Evangelist Markus die Geschichten, die im Volk über Jesus erzählt wurden, gesammelt und aufgeschrieben. Ein Jahrzehnt später verfassten Lukas und Matthäus ihre Evangelien, zuletzt Johannes. Die Geburtsgeschichte von Jesus, wie wir sie kennen, ist nur bei Lukas überliefert.

Zu der Zeit, als Augustus Kaiser war, fand im jüdischen Land eine Volkszählung statt. Alle Menschen mussten zu dem Ort gehen, aus dem sie stammten.

Da gingen auch Josef und Maria aus Nazareth nach Bethlehem, denn Josef war ein Nachkomme von König David. Als sie in Bethlehem angekommen waren, brachte Maria ihren ersten Sohn zur Welt. Sie wickelte ihn in Windeln und legte ihn in eine Futterkrippe, denn sie hatten im Gasthaus kein Zimmer mehr bekommen.

In dieser Nacht waren Hirten auf dem Feld und hüteten ihre Schafe. Bei denen erschien ein Engel und sprach: „Fürchtet euch nicht! Heute ist in Bethlehem der Retter geboren, auf den ihr schon so lange wartet. Ihr findet ihn in Windeln gewickelt und in einer Krippe liegen." Und plötzlich waren neben dem Engel noch viele andere Engel. Die sangen:

„Ehre sei Gott in der Höhe und Friede auf Erden."

Als die Engel wieder verschwunden waren, gingen die Hirten nach Bethlehem und fanden dort Maria und Josef und das Kind. Sie erzählten, was der Engel zu ihnen gesagt hatte. Maria aber behielt alle ihre Worte und bewegte sie in ihrem Herzen.

Jesus lässt sich taufen

Von der Kindheit und Jugend Jesu wissen wir so gut wie nichts. Als er ungefähr dreißig Jahre alt war, begann die Zeit seines öffentlichen Auftretens. Sie hat nicht viel länger als drei Jahre gedauert. Davor ließ er sich von Johannes dem Täufer taufen. Die Erzählung von der Taufe ist in allen vier Evangelienbüchern überliefert.

Jesus wuchs in Nazareth auf und wurde ein Zimmermann wie sein Vater. Eines Tages hörte er die Leute von Johannes dem Täufer erzählen, der im Land umherwanderte und von Gott predigte. Der rief die Menschen auf, ihre schlechten Taten zu bereuen und ein neues Leben anzufangen. Alle, die dazu bereit waren, taufte er im Jordanfluss.

Da ging auch Jesus an den Jordan, um sich taufen zu lassen. Johannes aber wehrte sich und sagte: „Ich soll dich taufen? Viel eher müsstest du mich taufen."

„Gott will es", erwiderte Jesus. „Taufe mich!"

Da taufte ihn Johannes.

Als Jesus aus dem Wasser stieg, sah er, wie sich der Himmel öffnete und der Geist Gottes auf ihn kam wie eine Taube, die herabfliegt. Und er hörte eine Stimme sagen: „Du bist mein Sohn. Dich habe ich auserwählt, den Menschen Frieden und Gerechtigkeit zu bringen."

Danach ging Jesus in die Wüste und fastete vierzig Tage lang.

Jesus sammelt Jünger um sich

Vierzig Tage, so erzählen Markus, Matthäus und Lukas, blieb Jesus in der Wüste. Dort wollte ihn der Teufel verführen: „Wenn du mich anbetest", sagte er, „dann mache ich dich zu einem mächtigen König." Jesus aber antwortete: „In den heiligen Schriften heißt es: Bete Gott an und niemanden sonst!" Und er jagte ihn weg. Danach ging er nicht mehr nach Nazareth zurück, sondern zog als Wanderprediger durch das Land.

Eines Tages kam Jesus an den See Gennesaret. Dort saß der Fischer Simon mit seinem Bruder Andreas und seinen beiden Gehilfen Johannes und Jakobus bei den Booten. Jesus stieg in eines der Boote und redete von dort aus zu den Menschen, die herbeigeströmt waren, um ihn predigen zu hören.

Danach sagte er zu den Fischern: „Fahrt noch einmal hinaus auf den See und werft eure Netze aus."

Simon antwortete: „Meister, wir waren schon die ganze Nacht draußen und haben nichts gefangen. Aber wenn du meinst, dann wollen wir es noch einmal versuchen."

Sie fuhren hinaus und fingen so viele Fische, dass ihre Netze fast zerrissen. Darüber waren sie ganz erschrocken.

Am Ufer fiel Simon vor Jesus auf die Knie und sagte: „Geh weg von hier, Herr. Ich sehe, dass du Wunder tun kannst. Wir aber sind nur einfache Fischer."

Jesus antwortete: „Ihr braucht euch nicht zu fürchten. Von
nun an sollt ihr keine Fische mehr fangen. Ihr sollt mir helfen,
Menschen um mich zu versammeln."
Da ließen die Fischer alles zurück und folgten Jesus.

Die Bergpredigt

Diese Predigt Jesu gehört zu den wichtigsten Stücken im Neuen Testament. Vieles von dem, was Jesus gelehrt und gepredigt hat, ist darin zusammengefasst. Sie ist überliefert im Evangelium des Matthäus und des Lukas.

Einmal drängten sich so viele Männer und Frauen um Jesus, dass er auf einen Berg stieg, damit ihn alle sehen und hören konnten. Und er fing an, ihnen eine Predigt zu halten, und sagte:

„Friede sei mit euch! Ihr dürft euch freuen, denn Gottes guter Segen liegt auf euch allen. Wenn ihr an ihn glaubt und ihm vertraut, dann werdet ihr glücklich sein.

Er tröstet die Traurigen und steht den Schwachen und Ängstlichen bei und denen, die einsam und verlassen sind. Sein guter Segen liegt auf allen, die sich nach Gerechtigkeit sehnen. Er wird ihnen helfen. Seid barmherzig und tut Gutes, dann wird Gott auch euch Gutes tun. Seid nicht gewalttätig und haltet Frieden mit allen. Denn Gott segnet die Friedfertigen.

Ihr sollt niemanden hassen, auch nicht eure Feinde. Denn auch sie sind Kinder Gottes. Er lässt auf alle Menschen die Sonne scheinen, ob sie gut sind oder böse. Ihr könnt Gott in euren

Gebeten alles sagen. Aber macht nicht viele Worte, denn Gott kennt eure Sorgen und Ängste, lange bevor ihr sie aussprecht. Darum betet so:

Unser Vater im Himmel.
Geheiligt werde dein Name.
Dein Reich komme.
Dein Wille geschehe, wie im Himmel, so auf Erden.
Unser tägliches Brot gib uns heute.
Und vergib uns unsere Schuld,
wie auch wir vergeben unseren Schuldigern.
Und führe uns nicht in Versuchung,
sondern erlöse uns von dem Bösen.
Denn dein ist das Reich und die Kraft
und die Herrlichkeit in Ewigkeit. Amen

Jesus und die Kinder

Immer mehr Menschen folgten Jesus nach und wurden seine Jüngerinnen und Jünger. Unter den Männern wählte Jesus zwölf aus, es waren: Simon, dem Jesus den Beinamen Petrus gab, sein Bruder Andreas, Johannes und Jakobus, Philippus und Bartholomäus, Matthäus und Thomas, der andere Jakobus, Thaddäus, der andere Simon und Judas Iskariot. Diese Zwölf standen Jesus besonders nahe.

Überall, wo Jesus hinkam mit den zwölf Jüngern und den Männern und Frauen, die seine Anhänger waren, da strömten von allen Orten in der Umgebung die Menschen zusammen, um ihn zu sehen und zu hören.

Einmal kamen Mütter und Väter mit ihren Kindern zu ihm. Sie wollten, dass er den Kindern seinen Segen geben sollte. Aber einige von den Jüngern hielten sie auf und ließen sie nicht zu Jesus.

„Geht nach Hause mit euren Kindern. Sie stören hier nur!", sagten sie.

Jesus hörte das und wurde zornig.

„Lasst die Kinder zu mir kommen!", rief er. „Gerade sie sind Gott besonders nahe. Ich sage euch: Wenn ihr nicht solch ein Vertrauen habt, wie Kinder es haben, dann werdet ihr immer fern sein von Gott." Und Jesus nahm die Kinder in die Arme, legte ihnen die Hände auf den Kopf und segnete sie.

Jesus macht Menschen satt

Die Menschen erzählten sich bald wunderbare Geschichten über Jesus. Viele davon haben die Evangelisten in ihre Berichte aufgenommen.

Wir heute möchten gerne wissen, ob das denn „wirklich passiert" ist. Für die Menschen damals waren Wundergeschichten der Beweis, dass Jesus göttliche Kräfte besaß.

Die folgende Geschichte ist bei allen vier Evangelisten überliefert:

Einmal fuhren Jesus und die zwölf Jünger mit einem Schiff über den See Gennesaret, um an einem ruhigen Platz allein zu sein. Aber als sie am anderen Ufer ankamen, wartete dort schon eine große Menschenmenge auf Jesus. Jesus taten die Menschen leid und er fing an, ihnen zu predigen.

Am Abend sagten die Jünger zu Jesus: „Es ist schon spät. Lass die Leute gehen, denn sie haben nichts zu essen hier."

Jesus antwortete: „Gebt ihr ihnen doch zu essen!"

„Wir haben nicht genug Geld, um für so viele Menschen Brot zu kaufen", sagten die Jünger.

Jesus fragte: „Was habt ihr selbst denn zu essen dabei?" Die Jünger schauten nach und sagten: „Fünf Brote und zwei Fische."

Da befahl Jesus, dass alle sich ins Gras setzen sollten. Er nahm die fünf Brote, sah zum Himmel, dankte Gott, brach sie und gab sie den Jüngern, damit sie die Stücke verteilten. Das Gleiche machte er mit den zwei Fischen.

Und alle aßen und wurden satt. Fünftausend Männer sollen es gewesen sein, dazu die Frauen und Kinder.

Der Blinde von Jericho

Die Evangelisten erzählen davon, wie Jesus Kranke gesund gemacht hat, die zu ihm kamen.
Aus den Heilungsgeschichten erfahren wir: Wichtig für die Heilung war, dass der kranke Mensch großes Vertrauen hatte. Viele Geschichten enden damit, dass Jesus zu dem Geheilten sagt. „Dein Glaube hat dir geholfen."

Auf dem Weg nach Jerusalem kam Jesus mit seinen Jüngern an Jericho vorbei. Da saß ein Blinder am Weg und bettelte. Als er die vielen Menschen hörte, fragte er: „Was ist das für ein Lärm? Was machen alle diese Leute hier?"
„Es ist Jesus von Nazareth mit seinen Jüngern", antwortete ihm jemand. „Sie gehen nach Jerusalem."
Da rief der Blinde: „Jesus von Nazareth, Sohn Davids! Erbarme dich und hilf mir!"
„Still! Still! Schrei doch nicht so laut!", sagten die Leute.
Aber der Blinde schrie nur noch viel lauter. „Jesus! Jesus! Erbarme dich und hilf mir!"
Jesus blieb stehen. Er sagte: „Bringt den Mann her!"
Die Leute führten den Blinden zu Jesus.
„Was willst du von mir?", fragte Jesus.
„Herr, ich möchte wieder sehen können!"
„Du hast großes Vertrauen zu mir!", sagte Jesus. „Deshalb sollst du wieder sehen."

Im selben Augenblick konnte der Mann sehen. Er war außer sich vor Freude und lobte Gott und dankte ihm. Und auch alle, die dabei waren, lobten Gott. Der Mann aber ließ alles zurück und folgte Jesus.

Das verlorene Schaf

Viele Geschichten in den Evangelien erzählen davon, dass Jesus sich um Menschen kümmerte, um die andere einen großen Bogen machten: Verachtete, Ausgestoßene und solche, die die Gesetze nicht eingehalten hatten.

Jesus sagte zu ihnen: Gott hat alle Menschen lieb – auch euch. Darüber ärgerten sich die Reichen und Frommen, denn sie dachten: „Wir sind doch viel besser als diese. Wir halten die Gesetze und geben große Spenden. Gott muss uns mehr lieben." Der Evangelist Lukas erzählt dazu diese Geschichte:

Einmal saß Jesus mit allerlei verachteten Leuten zusammen, mit Dieben und Betrügern. Darüber regten sich die Frommen und Anständigen auf.

„Dieser Jesus gibt sich mit schlechten Menschen ab", sagten sie. „Er isst und trinkt sogar mit ihnen." Jesus hörte das und antwortete ihnen mit einer Geschichte:

„Ein Hirte hatte hundert Schafe. Eines Tages war eins davon verschwunden. Da ließ der Hirte die neunundneunzig anderen zurück und ging und suchte das verlorene. Und als er es wiedergefunden hatte, legte er es auf seine Schultern und trug es nach Hause. Er rief seine Nachbarn und Freunde zusammen und sagte zu ihnen: Freut euch mit mir! Dieses Schaf hatte sich verirrt. Ich habe es gesucht und wiedergefunden!"

Und Jesus sagte weiter: „Ich bin wie der Hirte: Ich gehe und suche die verlorenen Menschen. Und wenn einer von ihnen den Weg zu Gott zurückfindet, dann freut sich Gott darüber. Ja, er freut sich mehr über solch einen als über neunundneunzig andere, die sich für besser und frömmer halten als jene."

Jesus kehrt bei Zachäus ein

Zu den Verachteten, mit denen niemand etwas zu tun haben wollte, gehörten damals die Zolleinnehmer. Man verdächtigte sie, dass sie den Menschen zu viel Geld abnahmen und sich so zu Unrecht bereicherten.

Zachäus war der oberste Zolleinnehmer der Stadt Jericho. Er war ein reicher Mann, aber alle hassten ihn.

Als er hörte, dass Jesus durch Jericho ziehen würde, wollte er ihn sehen. Doch da standen schon viele Menschen an der Straße. Zachäus konnte nichts sehen, denn er war klein. Deshalb kletterte er auf einen Maulbeerfeigenbaum.

Als Jesus an dem Baum vorbeikam, blieb er stehen und rief zu Zachäus hinauf: „Komm herunter, Zachäus! Ich möchte heute in deinem Haus einkehren."

Da stieg Zachäus schnell herunter. Er freute sich sehr, dass Jesus ausgerechnet zu ihm kommen wollte. Die anderen aber, die das hörten, murrten: „Zu so einem Betrüger geht er!"

Zachäus sagte zu Jesus: „Es ist wahr, dass ich die Leute oft betrogen habe. Aber ich will alles wieder gutmachen: Die Hälfte von dem, was ich besitze, will ich den Armen geben. Und allen, die ich betrogen habe, gebe ich das Vierfache zurück."

Da antwortete Jesus: „Heute sind Glück und Freude in dein Haus gekommen, Zachäus. Denn Gott hat dich angenommen. Deswegen gehe ich zu den Verachteten und Ausgestoßenen: Sie sollen wissen, dass auch sie Kinder Gottes sind."

Der verlorene Sohn

Immer beschäftigten sich die Menschen mit der Frage: Wie ist Gott? Die Frommen zur Zeit Jesu sagten: „Er ist wie ein strenger Richter. Wir müssen seine Gesetze halten, sonst bestraft er uns." Aber Jesus sagte: „Nein, er ist wie ein gütiger Vater. Er liebt die Menschen, er hat Mitleid mit ihnen, er verzeiht ihnen, wenn sie Unrecht getan haben."

Jesus hat dazu eine Geschichte erzählt. Sie ist im Evangelium des Lukas überliefert:

Ein Vater hatte zwei Söhne. Eines Tages ließ sich der Jüngere sein Erbe auszahlen und ging weit weg von zu Hause. Er gab sein Geld mit vollen Händen aus, bis er schließlich nichts mehr hatte. Da litt er große Not. Er musste sich als Schweinehirte durchschlagen. Oft hatte er so großen Hunger, dass er am liebsten das Schweinefutter gegessen hätte. Da bereute er das Leben, das er geführt hatte, und machte sich auf den Weg zurück nach Hause.

Der Vater sah ihn schon von ferne. Er hatte Mitleid mit ihm, lief ihm entgegen und nahm ihn in die Arme.

„Vater, ich bin nicht mehr wert, dein Sohn zu heißen", sagte der Sohn. „Lass mich als Arbeiter bei dir mein Brot verdienen."

Der Vater aber rief alle zusammen und sagte: „Kommt, wir wollen ein Fest feiern, denn mein Sohn, der so lange weg war, ist wiedergekommen!"

Da wurde der ältere Sohn zornig. „Für diesen Taugenichts feierst du ein Fest", rief er. „Und ich habe nie etwas bekommen, obwohl ich all die Jahre treu für dich gearbeitet habe."

„Aber alles, was mir gehört, das gehört doch auch dir", sagte der Vater. „Freue dich mit mir, dass dein Bruder, der verloren war, wieder da ist."

Der barmherzige Samariter

Das wichtigste Gebot in der Bibel heißt: „Du sollst Gott von gan-
zem Herzen lieben und zu deinem Mitmenschen genauso gut sein
wie zu dir selbst."
Im Evangelium des Lukas ist überliefert, wie ein frommer, gelehr-
ter Mann zu Jesus kommt und fragt: „Wer gehört alles zu meinen
Mitmenschen? Meine Familie? Meine Freunde und Nachbarn? Die
Menschen aus unserem Land, die dieselbe Sprache sprechen und
denselben Glauben haben wie ich?"

Als Antwort erzählte Jesus ihm diese Geschichte:

Ein Mann ging von Jerusalem hinab nach Jericho. Da überfie-
len ihn ein paar Männer, schlugen ihn zusammen, raubten ihn
aus und ließen ihn halb tot liegen.
Bald darauf kam ein Priester die Straße entlang. Er sah den
Mann da liegen und ging vorüber. Dann kam ein Tempeldiener.
Der sah ihn auch und ging auch vorüber.
Schließlich kam ein Mann aus Samaria, ein Ausländer. Der sah
ihn und hatte Mitleid mit ihm. Er wusch seine Wunden aus und
verband sie. Dann hob er den Verwundeten auf sein Maultier,
brachte ihn in ein Gasthaus und pflegte ihn dort.
Als er am nächsten Tag weiterzog, gab er dem Wirt zwei Sil-
bergroschen und sagte zu ihm: „Kümmere dich um den Mann.
Wenn das Geld nicht reicht, bezahle ich dir's, sobald ich wieder
vorbeikomme."

Jesus sah den frommen Gelehrten an und fragte: „Welcher von den dreien, die vorüberkamen, hat wohl gedacht: Dieser Überfallene ist mein Mitmensch?"

„Der ihm geholfen hat", antwortete der Gelehrte. Da sagte Jesus: „Dann geh und mach es wie er!"

Jesus geht nach Jerusalem

Das wichtigste jüdische Fest ist das Passafest. Die Juden feiern es zur Erinnerung an den Auszug des Volkes aus Ägypten auch heute noch überall auf der Welt. Zur Zeit Jesu zogen am Passafest die Menschen aus dem ganzen Land nach Jerusalem zum Tempel, um dort zu beten und zu opfern. Die Geschichte vom letzten Passafest Jesu ist in allen vier Evangelien überliefert:

Jesus und seine Anhänger, Männer und Frauen, waren unterwegs nach Jerusalem. Vor dem Dorf Betanien sagte Jesus zu zweien seiner Jünger: „Geht hinein in das Dorf. Dort werdet ihr einen jungen Esel finden. Bindet ihn los und bringt ihn zu mir. Und wenn euch jemand fragt: ‚Was macht ihr da?', dann antwortet: ‚Unser Herr braucht diesen Esel'."
Die Jünger gingen in das Dorf, fanden den Esel und banden ihn los. Die Leute aber, denen der Esel gehörte, kamen dazu und

fragten: „Was macht ihr da?" Die Jünger antworteten: „Unser Herr braucht diesen Esel." Da ließen sie ihnen das Tier.

Als die Jünger zurückgekommen waren, legten sie ihre Kleider auf den Rücken des Esels. Jesus setzte sich darauf und ritt nach Jerusalem hinein. Seine Anhänger folgten ihm. Sie waren fröhlich, lobten Gott und sangen: „Hosianna! Gelobt sei der, den Gott gesandt hat. Der neue König kommt!"

Aus der Stadt kamen ihnen viele Leute entgegengelaufen. Einige legten ihre Kleider auf den Weg; andere rissen grüne Zweige ab und breiteten sie aus wie einen Teppich.

So zog Jesus in Jerusalem ein. Er ging zum Tempel, um zu beten.

Am Abend kehrten er und die zwölf Jünger nach Betanien zurück und übernachteten dort.

Das Abendmahl

Das Passafest heißt auch Fest der ungesäuerten Brote. Die Israe-
liten mussten so schnell aus Ägypten aufbrechen, dass sie ihr
Brot nicht mehr säuern konnten. Am ersten Tag des Festes war es
Brauch, dass jede Familie am Tempel ein Schaf schlachten ließ, das
dann zubereitet und gegessen wurde.
Die Evangelisten berichten, dass Jesus zwei Jünger nach Jerusalem
vorausschickte, um alle Vorbereitungen für das gemeinsame Mahl
zu treffen. Zur Erinnerung an dieses letzte Mahl Jesu feiern die
Christen in aller Welt in ihren Gottesdiensten das Heilige Abend-
mahl.

Am Abend kam Jesus mit den übrigen der zwölf Jünger. Sie
setzten sich an den Tisch und aßen. Da sagte Jesus: „Einer ist
unter euch, der mich verraten wird." Die Jünger erschraken.
Einer nach dem anderen fragte: „Bin ich's? Bin ich's?"
„Einer von euch, der jetzt hier sitzt und sein Brot mit mir in dieselbe Schüssel taucht", antwortete Jesus. Dann nahm er das
Brot, sprach das Dankgebet, brach es, gab es den Jüngern und
sagte: „Dies ist mein Leib."
Dann nahm er den Kelch mit dem Wein, sprach das Dankgebet,
gab ihn den Jüngern und sagte: „Das ist mein Blut, das für viele
vergossen wird."
Danach sprachen sie den Lobgesang, gingen hinaus und wanderten vor die Stadt zum Ölberg. Auf dem Weg dorthin sagte

Jesus zu den Jüngern: „Es werden jetzt bald schlimme Dinge geschehen und ihr werdet mich alle im Stich lassen."
Petrus rief: „Ich nicht! Ich werde bei dir bleiben." Aber Jesus antwortete ihm: „Bevor morgen früh der Hahn zweimal kräht, wirst du dreimal abstreiten, dass du mein Jünger bist."

Petrus im Hof
des Hohen Priesters

Für die armen und einfachen Leute war die Botschaft, die Jesus verkündete, wie eine Befreiung. Jesus sagte: „Gott liebt alle Menschen, nicht nur die Frommen, die sich einbilden, besser zu sein, weil sie die religiösen Gesetze halten und große Spenden geben." Damit machte Jesus sich die Frommen und Mächtigen zu Feinden und sie beschlossen, ihn zu töten.

Einer von den Jüngern, Judas Iskariot, war nach dem Abendmahl zu den Priestern und Mächtigen gegangen und hatte ihnen verraten, wo sie Jesus finden konnten. Da schickten sie ihre Kriegsknechte hin. Die nahmen Jesus fest und brachten ihn in den Palast des Hohen Priesters. Dort verhörten sie ihn die ganze Nacht.

Petrus aber wartete im Hof des Palastes, was geschehen würde. Da kam eine Magd vorbei, sah ihn an und sagte: „Du bist doch auch einer, der mit diesem Jesus herumgezogen ist!"

Petrus erschrak und antwortete: „Ich weiß gar nicht, von wem du sprichst." Da krähte in der Nähe ein Hahn.

Petrus wollte sich wegschleichen, aber die Magd folgte ihm und sagte zu denen, die im Hof herumstanden: „Das ist einer von den Jesus-Leuten!"

„Nein! Nein!", behauptete Petrus wieder. Aber die Leute ließen nicht locker. „Du bist doch einer von seinen Freunden. Man hört es: Du sprichst denselben Dialekt."

Da schimpfte Petrus und rief: „Lasst mich in Ruhe! Ich kenne diesen Jesus gar nicht."
In diesem Augenblick krähte der Hahn zum zweiten Mal. Da fiel Petrus ein, was Jesus zu ihm gesagt hatte: „Bevor morgen früh der Hahn zweimal kräht, wirst du dreimal abstreiten, dass du mein Jünger bist." Und er fing an zu weinen.

Jesus lebt

Jesus wurde zum Tod am Kreuz verurteilt und hingerichtet. Katholische und evangelische Christen erinnern sich jedes Jahr daran am Freitag vor Ostern, dem Karfreitag.
Das wichtigste christliche Fest aber ist der dritte Tag danach, der Ostertag. Über das, was an diesem Morgen geschah, erzählten sich die ersten Christen aufregende Geschichten. Die folgende ist bei Markus überliefert:

Nachdem Jesus am Kreuz gestorben war, ließ ein reicher Ratsherr den toten Körper vom Kreuz nehmen. Er wickelte ihn in Tücher aus Leinen und legte ihn in ein Felsengrab, das ihm gehörte. Vor den Eingang des Grabes rollte er einen schweren Stein.
Die Jünger aber waren sehr traurig. „Wir haben so große Hoffnungen auf Jesus gesetzt. Und nun ist alles zu Ende", dachten sie.
Am Morgen des dritten Tages gingen Frauen hinaus zum Grab. Da war der Stein vor dem Eingang weggerollt und in der Felsenhöhle standen zwei Männer in weißen Gewändern.
Sie sagten: „Erschreckt nicht! Jesus ist nicht mehr hier. Er ist auferstanden. Er lebt. Geht und erzählt es den Jüngern."
Da liefen die Frauen zurück in die Stadt und berichteten, was sie erlebt hatten. Aber die Jünger glaubten ihnen nicht.
Danach erschien Jesus in einer anderen Gestalt zweien seiner Anhänger, als sie über Land gingen. Die erzählten es auch den

Jüngern. Und denen glaubten sie auch nicht. Danach zeigte sich Jesus selbst den Jüngern und redete mit ihnen. Da glaubten sie es.

Das Pfingstwunder

Viele Wochen lang versteckten sich die Jünger und Jüngerinnen nach der Auferstehung, denn sie hatten Angst, dass man auch sie gefangen nehmen und töten würde. Dann kam das Wochenfest Schawuot, ein Erntedankfest, das die Juden fünfzig Tage nach dem Passafest feiern. Da zeigten sich die Jünger zum ersten Mal wieder in der Öffentlichkeit. Dieses Ereignis ist in der Apostelgeschichte des Lukas überliefert. Die Christen feiern es heute am Pfingstfest.

Am ersten Tag des Wochenfestes trafen sich die Anhänger Jesu in einem Haus in Jerusalem. Da ertönte plötzlich ein Brausen vom Himmel wie von einem gewaltigen Sturm. Und es wurde hell wie von Feuer. Das war der Heilige Geist Gottes, der herabgekommen war. Die Anhänger Jesu spürten, wie plötzlich alle Angst von ihnen wich. Sie liefen hinaus und fingen laut an, in verschiedenen Sprachen zu predigen. Die Menschen sagten verwundert: „Das sind doch alles ganz einfache Leute. Woher können sie plötzlich so reden, dass wir sie verstehen?"
Andere lachten und sagten: „Sie sind betrunken."
Da stand Petrus auf und rief: „Wir sind nicht betrunken! Gott hat uns seinen Heiligen Geist geschickt, damit wir euch von Jesus erzählen, der am Kreuz gestorben ist. Aber Gott hat ihn vom Tode auferweckt und zu sich geholt. Denn er war der Retter, auf den wir alle gewartet haben. Bereut alles Unrecht, das

ihr getan habt, und lasst euch taufen. Dann vergibt euch Gott und schenkt euch seinen Heiligen Geist."
Da ließen sich mehr als dreitausend Menschen taufen und wurden Anhänger Jesu.

Bibliografische Information der Deutschen Bibliothek
Die Deutsche Bibliothek verzeichnet diese Publikation in der Deutschen Nationalbibliografie;
detaillierte bibliografische Daten sind im Internet über http://dnb.ddb.de abrufbar.

2. Auflage 2026
© 2025 Verlag Ernst Kaufmann GmbH, Alleestraße 2, 77933 Lahr
info@kaufmann-verlag.de

Druck und Bindung: DZS Grafik
ISBN 978-3-7806-6555-3